Leon Walter Tillage
Leons Geschichte

Leon Walter Tillage

Leons Geschichte

Aus dem Amerikanischen von
Heike Brandt

Collagen von Susan L. Roth

BELTZ
& Gelberg

Leon Walter Tillage, geboren 1936, wuchs in der Nähe von Raleigh, North Carolina, auf und arbeitete in vielen Jobs. Er hat drei Kinder und ist seit dreißig Jahren Hausmeister einer Schule in Baltimore. Das war die »einzige anständige Arbeit, die ich je gehabt habe«, wie er im Nachwort dieses Buches erzählt.

Die Originalausgabe erschien unter dem Titel *Leon's Story*
bei Farrar Straus Giroux, New York

Lektorat Barbara Gelberg
Einband, unter Verwendung eines Kinderfotos von L.W. Tillage,
von Max Bartholl
Gesetzt nach der neuen Rechtschreibung
Gesamtherstellung
Druckhaus Beltz, 69494 Hemsbach
Printed in Germany
ISBN 3 407 79787 7

Leon

Ich heiße Leon Walter Tillage. Ich wurde am 19. Januar 1936 geboren. Ich bin der Zweitälteste und habe acht Geschwister. Wir wuchsen in der Nähe von Fuquay auf, einem kleinen Neger-Ort kurz vor Raleigh, der Hauptstadt von North Carolina.

Ich weiß noch, wie ich als kleiner Junge immer in den Spiegel geguckt und meine Hautfarbe verflucht habe, meine schwarze Hautfarbe. Damals sagte aber keiner »Schwarzer« zu uns. Es hieß auch nicht »Minderheit«. Wir wurden »Farbige« genannt oder »Nigger«.

Die Hälfte der Ernte

Wir lebten auf einer Farm, die Mr. Johnson gehörte. Er hatte viele Morgen Land und baute alles Mögliche darauf an: Mais, Tabak, Baumwolle, Alfalfa, Weizen, manchmal auch Zuckerrohr. Aber meistens doch Baumwolle und Tabak, denn die standen damals an erster Stelle.

Mein Vater war Pächter, und zwar auf Halbpart, das heißt, er musste Mr. Johnson von allem die Hälfte abgeben. Also, sagen wir, Mr. Johnson überließ meinem Vater zehn Morgen Land für Tabak, zehn Morgen für Alfalfa, zehn Morgen für Mais – was auch immer. Dann, am Ende des Jahres, wenn die Ernte verkauft und abgerechnet wurde, bekam Mr. Johnson den Erlös von jeweils fünf

Morgen und mein Vater bekam das Geld von den anderen fünf.

Das klingt vielleicht ganz gut, aber das Problem war, dass mein Vater Mr. Johnson für alles, was er sonst noch brauchte, bezahlen musste, und dass er die Lebensmittel, die wir über das Jahr gebraucht hatten, auf Kredit gekauft hatte. Also musste er von seiner Hälfte noch die Schulden bezahlen.

Das ging so: Mr. Johnson hatte mit dem Mann vom Laden an der Ecke ausgemacht, dass wir dort einkaufen können. Er ist hingegangen und hat gesagt, der Mann da oder der Junge, die arbeiten für mich, und ich will, dass sie sich zum Essen kaufen können, was sie wollen. Bloß Lebensmittel – Bier oder so was konnten wir nicht kaufen. Jedenfalls hat Mr. Johnson so eine Art Bürgschaft übernommen, und wenn er uns unser Geld geben musste, dann mussten wir erst mit ihm zum Laden, um dort die Rechnung zu bezahlen. Und wenn die Schulden im Laden höher waren als die Summe, die wir für unseren Anteil am Ernteerlös bekamen, dann übernahm Mr. Johnson den Rest und wir schuldeten ihm noch mehr.

Wenn das Jahr zu Ende war, brachte Mr. Johnson unsere Ernte auf den Markt und es wurde abgerechnet. Wir bezahlten unsere Schulden. Und Mr. Johnson sagte zu meinem Vater: »Nun, Ivory, diesmal bist du fast von deinen Schulden runter. Ich glaube, nächstes Jahr wirst du es bestimmt schaffen.« Und weil mein Vater nicht in der Schule gewesen war und nicht lesen konnte, hat er Mr. Johnson vertraut. Und weil mein Vater fromm und ehrlich war und weiter nichts wusste, bezweifelte er nichts und versuchte auch nicht zu betrügen.

Darum hat auch mein Großvater mit uns auf der Farm gelebt. Denn wer einmal auf einer Farm war, wurde seine Schulden nie los, auch wenn er sein Leben lang arbeitete. Meistens war es gar nicht besonders viel Geld, was man schuldete, denn bei Halbpart ging es ja nur um die Summe, die beim Verrechnen übrig blieb. Das konnten vielleicht hundert Dollar sein oder so, aber diese hundert Dollar kamen einem wie tausend vor – es reichte, um einen an die Farm zu binden. Darum also sind damals die Leute auf den Farmen geblieben. Und wenn ihnen was zustieß, dann blieben die Kinder auf der Farm, weil sie die Schulden der Eltern abbezahlen mussten. So war es eben üblich.

Mein Vater und mein Großvater und andere Verwandte, Onkel und Tanten, die meisten davon, arbeiteten auf solchen Farmen, weil sie keinerlei Schulbildung hatten. Schule hatte für sie überhaupt keinen Sinn, denn was für eine Arbeit hätten sie denn bekommen können, wenn sie zur Schule gegangen wären? In einer Bank hätten sie nicht arbeiten können, in einem Geschäft auch nicht. Bloß wegen ihrer Hautfarbe. Also fanden sie Schulbildung sinnlos. Das war eine der Methoden, mit denen die Weißen die Schwarzen unten hielten: Sie ließen sie nichts lernen. Wenn sie dafür sorgten, dass wir ungebildet blieben, dann konnten wir nichts anderes machen, als auf der Farm zu arbeiten. Das war das Einzige, was mein Vater und mein Großvater konnten.

Zuhause

Als wir für Mr. Johnson arbeiteten, wohnten wir in einem alten, schäbigen Haus im Wald hinter dem Großen Haus, wie wir sagten. Auf der Farm waren noch drei oder vier andere Familien, und die machten alle Halbpart. Es war wie eine Plantage. Wir wohnten nicht vorne an der Straße, sondern hinter dem Großen Haus – die meisten Häuser von uns lagen hinten im Wald. Wir hatten kein fließend Wasser, kein elektrisches Licht und nachts hatten wir nur eine Laterne. Wir hatten kein Badezimmer, nur eine Außentoilette. Es gab fünf Räume: eine Küche, eine Abstellkammer, wo das Küchenzeugs aufbewahrt wurde, ein Zimmer für meinen Vater und meine Mutter, ein Zimmer für die Mädchen und ein Zimmer für die Jungen.

Wir hatten einen Herd, der mit Holz beheizt wurde und an der Seite einen Behälter für Wasser hatte, und wenn der Herd heiß wurde, wurde auch das Wasser heiß. Manchmal brieten wir was auf offenem Feuer im Kamin.

Meine Mutter kochte viel für die Johnsons. Sie machte ihnen das Mittagessen. Und das hatte wirklich eigenartige Folgen: Sie durfte nämlich das Wasser, in dem die Kohlblätter oder anderes Gemüse gekocht worden waren – wir nannten das Topfbrühe –, mit nach Hause nehmen. Sie kam also nach Hause, machte Maisbrot und Hefeklöße und verwandelte so die Topfbrühe in eine Art Suppe. Und das Erstaunliche daran war, dass die Weißen überhaupt nicht verstehen konnten, warum wir so viel gesünder und kräftiger waren als ihre Kinder. Später fanden wir dann heraus, dass beim Kochen des Gemüses die Vitamine ins Wasser gehen, so dass wir den besten Teil bekamen.

Meine Eltern waren sehr streng. In unserer Familie gab es viele Jungen, und Jungen geraten nun mal hin und wieder in Streit. Aber meine Eltern ließen nicht zu, dass wir Kinder uns prügelten. Und bei noch was waren sie ganz streng: Wir mussten höflich sein und Respekt zeigen. Egal, wer es war oder was für eine Hautfarbe ein Mensch hatte – es hieß immer: »Ja, Ma'am« und »Ja, Sir«.

Wir standen uns sehr nahe in unserer Familie. Meine Eltern waren wirklich fromm, und ich weiß noch, dass wir uns abends vor dem Schlafengehen alle gemeinsam hinknien und unsere Gebete sagen mussten. Und vor dem Essen musste ein Segen gesprochen werden. Es war unmöglich, sich einfach hinzusetzen und zu essen, ohne das Mahl zu segnen.

Jeden Sonntag waren wir in der Kirche, und meistens nahmen meine Eltern unser Mittagessen mit, so dass wir praktisch den ganzen Tag in der Kirche waren. Mittags breiteten meine Eltern das Essen auf dem Rasen aus und wir kamen alle zusammen und setzten uns und aßen und waren guter Dinge und wir Kinder rannten rum und spielten. Und dann, nach dem Essen, rief uns der Pfarrer in die Kirche, und dann betete er wieder und wir mussten still sitzen.

Als ich klein war, war meine Großmutter – die Mutter meiner Mutter – über achtzig. Und ich weiß noch, wie sie auf einem Stuhl saß und uns von ihrer Mutter erzählte. Meine Großmutter konnte sich an die Zeit erinnern, als sie ein kleines Mädchen war; sie konnte sich an die Sklaverei erinnern. Und *ihre* Mutter war eine Sklavin gewesen. Sie erzählte uns vom Kochen, Waschen und wie sie Seife machten, die sie Laugenseife nannten, und wie ihre Arbeit auf der Farm ausgesehen hatte. Sie hatte kleine Aufgaben – Eier aus dem Hühnerstall holen und so was eben. Wir hatten damals ja kein Fernsehen oder Radio, und so verbrachten wir unsere freie Zeit damit, nach dem Essen um den Kamin zu sitzen und den älteren Leuten zuzuhören, meinem Großvater und meiner Großmutter.

Weihnachten war damals auch eine Zeit, in der die Leute zusammenkamen. Da trafen sich sogar Schwarze und Weiße. Wir konnten zu

Weißen ins Haus gehen und wir bekamen Sachen geschenkt. Wirklich, Weihnachten war eine Zeit der Geschenke und der Freude. Wir Kinder konnten es kaum erwarten.

Der Weihnachtstag war ein geistlicher Tag – der Tag, an dem wir in die Kirche gingen. Am Tag danach und am Heiligen Abend, da hatten wir unseren Spaß. Aber den Weihnachtstag selbst verbrachten wir hauptsächlich in der Kirche. Und in der Nacht vor Weihnachten kam Santa Claus. Wir kriegten etwas zum Spielen. Bei mir war es immer eine billige kleine Mundharmonika; meine Schwestern und Brüder bekamen kleine Puppen, Lumpenpuppen, billiges Zeugs, aber für uns waren es kostbare Dinge, denn wir hatten sonst kein Spielzeug. Am Heiligen Abend gingen wir früh schlafen und standen auf, bevor es Tag wurde, und dann lagen unter dem Weihnachtsbaum unsere Geschenke und Obst und so was in Schuhkartons verpackt und wir waren die glücklichsten Kinder der Welt. Ich weiß noch, dass manche Kinder gar nichts kriegten, und dann kamen sie uns besuchen, weil sie mit unserem Spielzeug spielen wollten. Na, und dann haben unsere Eltern verlangt, dass wir unsere Geschenke weglegen, solange der Besuch da war, denn manchmal sind Kinder, die nichts haben, neidisch und machen alles kaputt. Und wir waren sauer, weil unsere Eltern uns nicht mit unseren Spielsachen spielen ließen, und deshalb haben wir immer versucht unseren Besuch so schnell wie möglich wieder loszuwerden.

Zwei Dinge gab es, die uns zusammenbrachten, die Weißen und die Farbigen: Weihnachten oder ein Todesfall in der Familie. Wenn jemand starb, dann kamen die Leute zu der Familie nach Hause und wachten die ganze Nacht, na, so zwei, drei Tage lang oder so. Und erstaunlicherweise kamen sogar eine ganze Menge Weiße vorbei und brachten der Familie was zu essen, sogar was zum Anziehen. Und das lief auch andersherum so: Wenn jemand von den Weißen starb, dann gingen wir dorthin, so war das eben damals. Da sieht man mal, wie Menschen zusammenkommen können.

Hilfsarbeiten

Auf der Farm gab es für alle was zu tun – die Jungen hatten was zu tun, die Mädchen hatten was zu tun – und nach der Schule mussten wir im Haushalt helfen. Im Sommer zog ich früh am Morgen mit meinem Vater los und arbeitete mit ihm auf dem Feld. Solche Arbeit bekamen wir nicht bezahlt – wir halfen meinem Vater, weil wir Tabak oder so was angepflanzt hatten. Wenn wir aber für Mr. Johnson arbeiteten, dann gab er uns fünfundsiebzig Cents oder so und wir waren ausgesprochen glücklich. Er sagte: »Die Jungen sollen Unkraut jäten« oder »Die Jungen sollen das für mich machen«, und das taten wir sehr gerne, denn nur so kamen wir an ein bisschen Geld und wir konnten ins Kino gehen oder in die Stadt und uns Brause kaufen oder so. Aber mein Vater, der arme Kerl, hatte nichts, was er uns hätte geben können, wenn wir ihm halfen. Schließlich hat er uns doch ernährt und so.

Damals war die Schule so gegen zwei Uhr aus. Wir gingen sofort nach Hause, weil wir unsere Arbeiten zu erledigen hatten. Und zwar mussten wir Holz hacken und für den Abend Wasser ins Haus holen. Niemand hat uns gesagt, was wir zu tun hatten, das taten wir von alleine. Selbst wenn wir Mais enthülsen mussten oder so was, dann sind wir immer rechtzeitig nach Hause, um Holz zu hacken, denn damals heizten wir den Kamin und den Herd mit Holz. Ich glaube, wir Kinder sind wahrscheinlich auch deswegen nie in irgendeinen Schlamassel geraten, weil wir einfach keine Zeit hatten. Wir hatten unsere Aufgaben, es gab immer irgendwas zu tun und freie Zeit hatten wir so gut wie nie.

Im Sommer erntete mein Vater den Tabak. Er spannte das Maultier vor den Pflug, und eine unserer Aufgaben bestand darin, mit einem Stock hinterherzulaufen, und dann, wenn mein Vater aus Versehen Erde auf die Tabakpflanzen geworfen hatte, mussten wir mit dem Stock den Tabak wieder aufrichten – sonst hätte die Erde ihn erstickt. Wir liefen also hinter dem Pflug her, um die Pflanzen zu befreien.

Wenn wir Kinder in der heißen Sommerzeit ackerten, wunderten wir uns, dass die Kinder von Mr. Johnson nie arbeiteten. Er hatte Kinder, die ungefähr in unserem Alter oder etwas älter waren, und die saßen unter dem Pecan-Baum und tranken Limonade, während alle anderen Kinder auf den Feldern beschäftigt waren. Und wir Kinder konnten nicht verstehen, warum wir die ganze Zeit arbeiteten und am Ende des Jahres doch nichts hatten. Mein Vater war noch nicht mal in der Lage, uns anständige Kleidung oder so was zu kaufen. Mr. Johnson gab ihm hundert Dollar Vorschuss, damit er uns Anziehsachen kaufen konnte, aber das bedeutete natürlich nur, dass wir im nächsten Jahr hundert Dollar mehr Schulden hatten. Und mein Vater konnte nichts daran ändern.

Wir Kinder wollten wissen, warum wir in einem alten, heruntergekommenen Haus wohnen mussten. Warum wir ohne neue Schuhe rumlaufen mussten. Warum wir nicht so ein schönes Auto haben konnten wie Mr. Johnson und die alle. Einmal bin ich in Mr. Johnsons Haus gewesen und habe das Zimmer von seinem Sohn Harold gesehen. Harold war ungefähr so alt wie ich. Ich guckte mir die ganzen feinen Möbel an und sah, wie prächtig es im ganzen Haus war und alles, und ich konnte einfach nicht verstehen, warum wir nicht so schöne Dinge hatten. Wir wussten schon, dass das irgendwie nicht ganz in Ordnung war, aber wir fanden einfach nicht raus, wie das zu ändern gewesen wäre. Warum wir in Amerika an zweiter Stelle standen. Unsere Eltern sagten bloß: »Nun, so ist das vorgesehen, so muss das sein. Ihr werdet nie so leben wie die Weißen.«

Damals hatten unsere Eltern eine andere Einstellung. Wenn mich heute mein Sohn was fragt, dann versuche ich ihm die Sache, so gut ich kann, zu erklären, aber damals haben wir unseren Eltern keine Fragen gestellt. Sie waren sehr streng und sie speisten einen mit einer schnellen Antwort ab, und das war's dann. Das war auch nicht weiter schlimm, wir fragten einfach nicht mehr nach. So war das Leben eben.

Schule

Mit sechs Jahren kam ich in die Schule. Wir gingen aber nur hin, wenn wir Zeit hatten. Doch bevor wir losgehen konnten, mussten wir zu Hause erst noch einiges erledigen. Im Frühling gingen wir nicht so häufig in die Schule, weil wir bei der Aussaat helfen mussten. Schulbildung bedeutete meinem Vater nicht viel; damals war das so, wer farbig war, musste seinen Namen lesen und seinen Namen schreiben können und so, das reichte. Wozu also in der Schule rumsitzen? Man kriegte ja doch keine Arbeit bei einer Bank, man kriegte nicht mal eine Arbeit im Drugstore, also war Schule für meinen Vater nur Zeitverschwendung. Meine Mutter sah das ein bisschen anders. Sie wollte, dass wir lesen können. Mein

Bruder James und ich, wir brachten meiner Mutter dann Lesen und Schreiben bei. Auch meinem Vater konnten wir beibringen, seinen Namen zu schreiben, Sachen zu unterschreiben, aber mehr wollte er nicht lernen. Er hörte gerne zu, wenn wir vorlasen – aus der Bibel oder so.

Als ich älter war, hatte ich schon einiges gelernt, und ich konnte aus eigener Kraft weiterkommen, weil ich ja nun lesen und schreiben konnte. Und später, bei meinen verschiedenen Arbeitsstellen, bekam ich ein bisschen mehr Verantwortung übertragen, sobald bekannt war, dass ich lesen und schreiben konnte. Also musste ich die Lastwagen nicht abladen, sondern ich bekam einen Block, auf dem ich notieren sollte, was abgeladen wurde, die Zahlen und alles. Ich konnte also eine etwas bessere Arbeit bekommen.

* * *

Meine erste Schule war in Providence. Es war ein großes Gebäude. Sie hatten die Wände eingerissen und drei Räume daraus gemacht. Es gab keine Klassen. Wir gingen einfach zur Schule und im Grunde haben sie uns da nichts weiter als das Alphabet und das Einmaleins beigebracht. Wir haben gelesen; wir hatten ein paar Bücher, die wir von der Schule der Weißen bekommen hatten, einfache Lesebücher. Das war unser Schulunterricht in den Grundschule.

Meine erste Lehrerin war meine Cousine, sie hatte in New York die Oberschule abgeschlossen, war dann aber zurück in den Süden gekommen und wurde in Providence unsere Lehrerin. Zwar war sie nie aufs College gegangen, aber immerhin brachte sie uns die notwendigen Grundlagen bei: den eigenen Namen zu schreiben, das Einmaleins und das Lesen. Aber später, als wir in Fuquay zur Oberschule gingen, hatten wir Lehrer aus Raleigh, von der Shaw Universität.

Von uns bis zur Schule in Providence waren

es ungefähr vier Meilen, und die mussten wir jeden Tag laufen. Einige Kinder wohnten sogar noch weiter weg und mussten auch laufen. Die weißen Kinder fuhren mit dem Schulbus. Und morgens, wenn wir in die Schule kamen, mussten wir erst mal raus in den Wald und Holz hacken, bei eisiger Kälte. Mit dem Holz heizten wir dann den großen, alten Kanonenofen. Wasser mussten wir draußen vom Brunnen holen. Einige Fenster mussten wir mit Pappe abdichten, weil die Scheiben meistens zerbrochen waren. Meine Mutter und die anderen Mütter gaben uns Dosen mit Bohnen oder Kartoffeln und so was mit, für unser Mittagessen. Die Lehrerin hatte einen riesigen Kochtopf, den stellte sie auf den Ofen und schüttete alles hinein. Es war erstaunlich, manchmal gab es Kinder, die gar nichts mitbringen konnten, aber die Lehrerin kochte trotzdem so, dass es für alle reichte. Und wir haben – da sieht man mal, wie grausam damals Kinder sein konnten – die Kinder gehänselt, die gar nichts mitbrachten. Wie oft hat mir das noch Leid getan.

Eigentlich waren es immer dieselben, sie kamen meistens aus großen Familien; manche hatten zehn, elf, zwölf, vierzehn Kinder und das war hart.

Wir brachten Blechnäpfe und Löffel mit in die Schule und ließen sie dort. Die Näpfe, in denen wir früher Pfirsiche gekauft hatten, hatten genau die richtige Größe. Die meisten Kinder aßen aus solchen Blechgefäßen. Nachdem wir alles aufgegessen hatten, füllten wir den Kochtopf mit Wasser, stellten ihn auf den Ofen, und wenn das Wasser heiß war, wuschen wir darin unsere Näpfe aus. Jedes Kind wusch sein eigenes Zeug ab und die Lehrerin überprüfte das.

So ging das mit dem Essen, denn wir hatten keine Küche oder so was in unserer Schule. Bei den weißen Kindern gab es das alles. Ihre Schule war ein schönes, großes Gebäude. Sie hatten Dampfheizung. Sie hatten eine Küche, einen Schulbus und alles.

Wenn wir nach der Schule nach Hause gingen, dann guckten wir uns immer nach dem

Schulbus der weißen Kinder um. Sobald wir den Bus kommen sahen, rasten wir automatisch los, um uns zu verstecken. Wir wussten, wenn der Busfahrer dort anhielt, wo wir waren, dann setzte es was. Das bedeutete, die größeren Jungen und Mädchen würden aussteigen und uns beschimpfen. Und sie sammelten Steine auf und bewarfen uns damit. Die größeren schwarzen Kinder spielten Lockvögel. Sie ließen sich treffen, um die kleineren Kinder vor den Steinen in Schutz zu nehmen. Wir beschützten unsere kleinen Geschwister oder überhaupt jedes kleinere Kind. Es war völlig egal, ob wir verwandt waren oder nicht, wir wollten nicht, dass sie verletzt wurden. Und den weißen Kindern war egal, wer was abkriegte, Hauptsache, sie trafen überhaupt jemanden. Wenn sie also Steine auf uns warfen, dann fingen wir an zu schreien und zu brüllen und zu betteln. Das gefiel ihnen und meistens ließen sie dann von uns ab. Solange sie jemanden trafen, waren sie glücklich, und wir konnten hören, wie sie sich brüsteten: »He, hast du gesehen, wie ich den getroffen habe? Junge, dem – oder der – habe ich's aber gegeben.« Dann rannten sie los und sprangen wieder in ihren Bus und fuhren weiter.

Aber ich erinnere mich auch an einen weißen Mann, der Mr.Clark hieß. Er hatte ein großes, weißes Pferd, und manchmal kam er zur Schule, wenn wir aus hatten, und er begleitete uns mit seinem Pferd. Wenn er den Bus sah, dann sagte er: »Nicht weglaufen, nicht weglaufen, sie tun euch nichts.« Er war ein guter Mann, er war ein frommer Mann. Und er hatte Recht – sie ließen uns in Ruhe, wenn er dabei war.

Manchmal, wenn wir getroffen worden waren und eine Beule am Kopf oder eine blutende Wunde oder so was hatten, liefen wir zu seinem Haus und seine Frau verarztete uns. Sie hieß Miss Janie. Sie kam zu uns raus und sagte: »Eine Schande ist das, was die mit euch machen. So was darf man Kindern nicht antun.« Dann ging es uns besser. Manchmal hatte sie Kekse oder solche Sachen für uns.

Ich glaube, fast alle Schwarzen in der Gegend mochten die Clarks. Sie behandelten uns wie normale Menschen. Und wenn wir für sie arbeiteten, dann machte Miss Janie was zu essen und wir aßen bei ihnen am Tisch, was für die damalige Zeit wirklich erstaunlich war. Wir waren daran gewöhnt, dass wir draußen unter einem Baum essen mussten, aber sie hat uns ins Haus geholt. Und ich weiß noch, dass Mr. Clark am Kopfende des Tisches saß und ein Gebet sprach. Und wir saßen da und aßen. Und wenn wir fertig waren, standen wir auf und gingen zurück an die Arbeit.

Die weißen Kinder haben uns nicht jeden Tag überfallen. Manchmal sind sie bloß vorbeigefahren und haben uns beschimpft. Und manchmal hat der Busfahrer uns bloß gefoppt. Er hat den Bus angehalten, wir haben das rote Bremslicht aufleuchten sehen und sind alle losgerast, was die weißen Kinder witzig fanden, richtig komisch. Aber jeden Tag haben sie das nicht gemacht.

Die Weißen haben ihren Kindern beigebracht, dass Schwarze keine Gefühle hätten. Wir hätten auch keine Seele, daher wäre es egal, was man mit uns machte, man könnte unsere Gefühle nicht verletzen, weil wir gar keine Gefühle hätten. Man könnte uns Schwarze ruhig schlagen oder so, denn das würde uns nicht wehtun. Und deshalb haben die weißen Kinder uns so behandelt – sie haben das wirklich gedacht.

Später fuhren wir mit dem Bus nach Fuquay in die Oberschule und das war ein Fortschritt. Wir waren sehr glücklich, denn die Schule war neu gebaut und die Lehrer kamen aus Raleigh. Wir hatten gute Bücher und Dampfheizung und wir mussten nicht raus in den Wald zum Holzholen. Wir hatten eine Cafeteria, und ich weiß noch, dass man für fünfzehn Cent eine Mahlzeit bekommen konnte, aber diese fünfzehn Cent konnten einem wie fünfzehn Dollar vorkommen. Manchmal gab uns Mr. Johnson Geld fürs Mittagessen, wenn wir morgens an seinem Haus vorbei zum Bus gingen. Er kam raus und fragte: »Habt ihr Geld fürs Mittagessen?« Wir sagten ihm dann, ob wir's hatten oder nicht, und da ich der Älteste war, gab er mir einen Dollar und ich zahlte dann das Mittagessen für meine Geschwister. Wir waren sehr stolz auf unsere Schule. Es gab sogar einen Hausmeister, der für uns heizte und alle anfallenden Arbeiten erledigte.

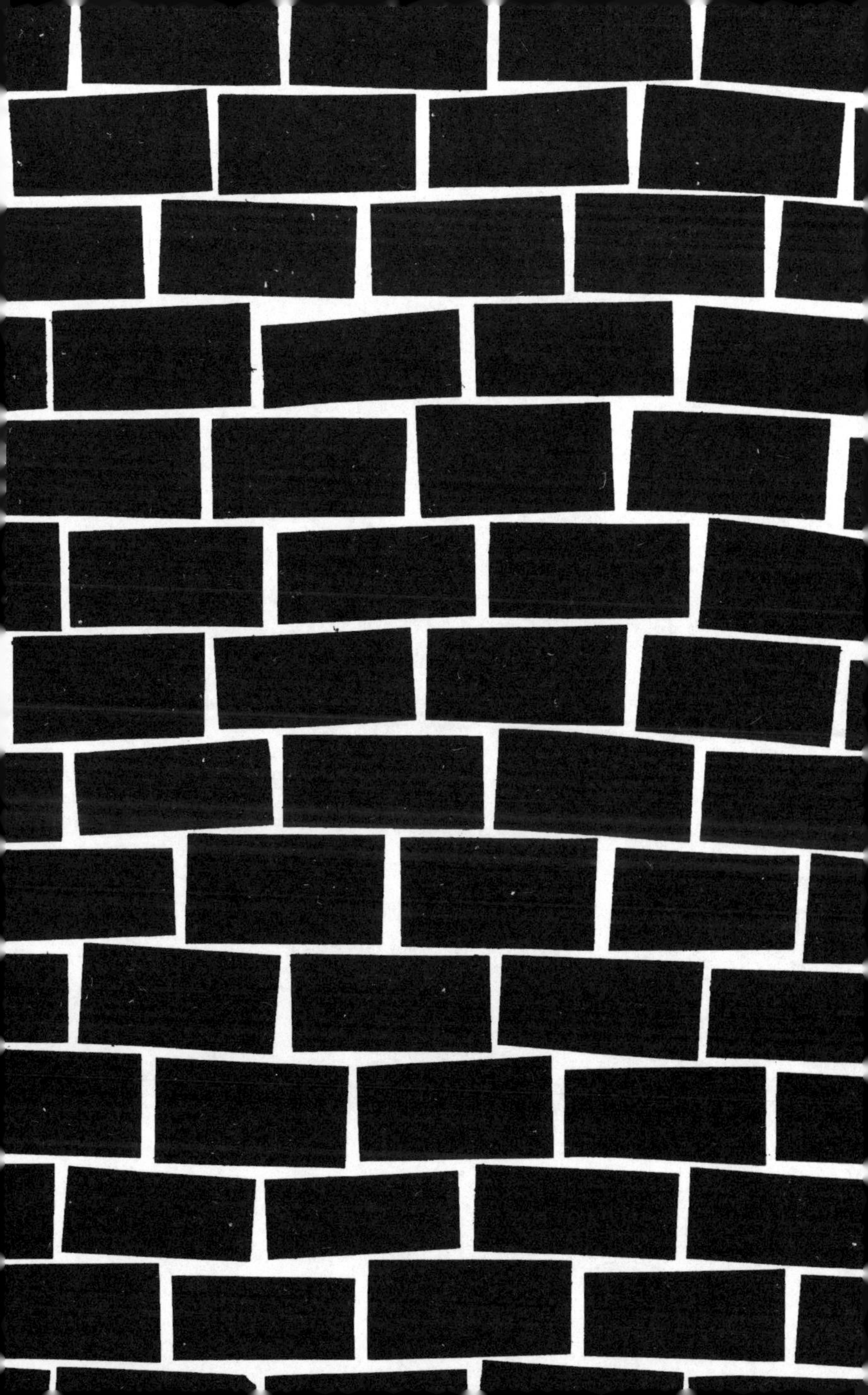

Nur für Weiße

Manchmal gingen wir sonnabends in unserer kleinen Stadt ins Kino, denn damals hatten wir kein Fernsehen, wir hatten noch nicht mal elektrisches Licht. Es war also eine große Sache, ins Kino zu gehen. Ich weiß, dass ich mit meinem Vater *Vom Winde verweht* gesehen habe, aber ich glaube, das war das erste und das letzte Mal, dass wir zusammen ins Kino gegangen sind. Er mochte Clark Gable. Meistens ging ich mit meinen Freunden. Es waren vor allem die Western, weswegen wir so gerne ins Kino gingen. Gene Autry und Roy Rogers, das waren unsere Helden damals.

Wenn wir uns danebenbenommen hatten, dann sagte mein Vater: »Wenn ihr euch nicht zusammenreißt, dürft ihr nicht ins Kino«, oder so was in der Art. Mir wäre es lieber gewesen, er hätte mich mit dem Lederriemen verprügelt, statt mir das Kino zu verbieten, weil ich da meine Freunde getroffen habe. Es war wirklich eine große Sache, ins Kino zu gehen.

Das Kino kostete fünfzehn Cent Eintritt, und immer hat irgendjemand für fünf Cent Popcorn, Brause oder Schokoriegel spendiert. Wir mussten oben auf dem Rang sitzen. Die Weißen saßen unten in Sesseln, die sehr weich und bequem aussahen. Wir mussten manchmal sogar auf Cola-Kisten hocken, weil auf den Rang nicht so viele Stühle passten. In der Pause sprangen wir auf und rannten zur Rückseite des Kinos, wo ein paar Stufen nach draußen führten, und da saßen wir dann, bis das Licht wieder ausging und der Film anfing, denn solange die Lichter an waren, warfen die weißen Kinder alles Mögliche – Popcorn und so was – zu uns hoch, und das wollten wir nicht abkriegen. Manchmal stand der Sohn des Besitzers unten, vorne an einem Geländer, und sobald jemand was zu uns hochschmiss, warf er denjenigen raus. Aber meistens war er nicht da. Am Ende der Vorstellung gingen wir nach vorne zur Glastür des Kinos und blieben stehen, bis die weißen Kinder weg waren. Denn wenn wir rausgingen und sie noch da waren, dann fielen sie über uns her. Nicht alle natürlich, nur ein paar Störenfriede, denen das Spaß machte. Sie versteckten sich hinter dem Kino, und wenn wir rauskamen, dann jagten sie uns. Nun war der Stadtteil der Farbigen nicht allzu weit, gleich hinter den Gleisen; wenn sie uns aber noch vor den Schienen erwischten, dann verprügelten sie uns mit diesen Stöcken, die sie bei sich hatten.

* * *

Als ich etwa sechzehn war, bin ich los und habe mein eigenes Geld verdient, habe auf Farmen und anderswo gearbeitet, und so konnte ich mir selber die Kleider für die Schule kaufen. Ich habe den halben Sonnabend gearbeitet. Dann wurde ich bezahlt und als Erstes habe ich mir Hosen oder Schuhe oder so was gekauft, aber natürlich nicht immer. Viel Geld war es nicht, was ich verdient habe, aber man konnte schon für weniger als zwei Dollar Hosen bekommen.

Zum Einkaufen sind wir nach Raleigh in einen großen Laden gegangen. Und wie üblich mussten wir durch die Hintertür reingehen, wo FARBIGE stand. Wenn ich eine Hose sah, die mir gefiel, dann stellte ich mich dahin und guckte die Hose an, und sobald ein Angestellter bereit war, mich zu bedienen, habe ich vorsichtig gelächelt und gesagt: »Ich würde gerne diese Hose kaufen, bitte, Sir oder Ma'am«. Wenn ein weißer Kunde kam, während ich auf den Verkäufer wartete, trat ich automatisch zurück und blieb mit einem Lächeln im Gesicht stehen. Der Weiße hat dann die Sachen angeguckt und ich habe einfach gewartet. Schließlich ist dann jemand gekommen, der in dem Laden arbeitete, und der hat den Weißen gefragt: »Stört er Sie? Macht es Ihnen was aus, dass der da steht? Oder soll ich ihn rausschmeißen?« Wenn der Weiße freundlich war, dann sagte er: »Nein, der stört mich nicht, schon gut.« Aber wenn er sagte: »Ich will nicht, dass der mich beobachtet«, dann hat der Verkäufer automatisch zu mir gesagt, ich soll den Laden verlassen. So war das. Anprobieren durften wir das, was wir kaufen wollten, nicht. Meistens wussten wir ja unsere Größe. Es gab einen Laden, da ging das; es war ein jüdisches Geschäft, ganz in unserer Nähe, und da durften wir Schuhe oder so anprobieren, aber das war der einzige Laden.

Es gab auch ein Kaufhaus, wo alles ganz billig war. Da wurde lauter Flitterkram verkauft, wie Ohrringe für Frauen, Gürtel für Männer, Krawattennadeln und so was. Vor allem aber gab es dort eine lange Theke, die von einem Ende des Ladens bis zum anderen reichte, und da konnten sich die Weißen hinsetzen und essen, und das Ganze war mit einem Seil abgetrennt, an dem kleine Schilder hingen, und auf denen stand: NUR FÜR WEISSE. Wir verstanden nicht, wozu das gut sein sollte, denn kein schwarzer Mensch hätte es je gewagt, sich auf einen der Barhocker zu setzen, im Leben nicht. Aber wenn es draußen heiß war, dann schlenderte ich an dem Seil entlang und guckte mir einen jungen Mann aus, der etwa in meinem Alter war. Den lächelte ich an, und wenn er meinen Blick erwiderte und zurücklächelte, dann flüsterte ich ihm zu: »Kaufen Sie mir eine Brause?« Er stand auf, stellte sich neben das Seil, ich gab ihm das Geld und dann brachte er mir die Brause. Ich bedankte mich und machte, dass ich so schnell wie möglich aus dem Laden kam, denn wenn man mich dort beim Brausetrinken erwischt hätte, dann wäre ich dran gewesen. Meine Mutter und die, die hielten uns für verrückt, die haben einfach nicht verstanden, wieso wir versuchten, das System auszutricksen. Sie blieben auf ihrem Platz und deshalb kamen sie auch gut zurecht. Aber wir legten es darauf an, das System auszutricksen, für uns war das eine Mutprobe. Ich meine, natürlich konnte man sich überall eine Brause kaufen, draußen auf der Straße gab es Händler mit Karren, aber das war nicht dasselbe wie eine Brause, die man eigentlich nicht haben durfte. Die Brause schmeckte genau wie jede andere, wichtig war nur, wo sie herkam.

Damals gab es an der Straße, wo wir langmussten, Schnell-Imbisse, die wurden *Tastee-Freez* genannt. Wenn man da hinging, dann stand da NUR FÜR WEISSE, ein Pfeil schickte FARBIGE zur Rückseite der Bude. Da war ein Fenster, das aufgemacht werden konnte. Nun, wenn wir da waren, blieben wir stehen und warteten. Wir konnten nicht einfach hingehen, ans Fenster klopfen und dem Mann zurufen, dass er uns bedienen soll oder so. Wir blieben einfach stehen. Der Mann würde einen schon sehen. Konnte sein, dass er gar nichts zu tun hatte, Zeitung las oder so. Aber wenn wir bedient werden wollten, mussten wir einfach stehen bleiben und warten, bis er so weit war und Lust hatte, nach hinten zu kommen. Wenn er mich bediente, fragte er als Erstes: »Was willst du?« Und wenn ich einen Hut aufhatte, dann nahm ich den ab und sagte mit einem reizenden Lächeln: »Ich möchte bitte ein Hot Dog, Sir.« Aber bevor er das Hot Dog holen ging, musste ich erst mal das Geld auf das Fensterbrett legen, damit ich ihn beim Bezahlen nicht berührte. Dann nahm er das Geld, und wenn er Lust hatte, brachte er mir das Hot Dog. Wenn er keine Lust hatte, dann tat er das nicht. So war das damals und dann ist man eben weggegangen.

Ich weiß noch, dass man zum Busbahnhof gehen musste, wenn man mit dem Bus fahren wollte, und auch dort gab es Schilder, die die Farbigen auf die Rückseite verwiesen. Wir mussten also zum Hintereingang des Bahnhofs gehen, da konnten wir rein und uns hinsetzen. Manchmal kamen junge Soldaten, weiße Soldaten, und wenn die randalierten, dann flogen sie aus dem weißen Teil des Bahnhofs und kamen auf die schwarze Seite und tranken ihr Bier und randalierten weiter, sprangen auf die

Stühle und benahmen sich wie Vollidioten. Und niemand konnte was dagegen tun. Die meisten schwarzen Leute, vor allem die Älteren, standen auf und gingen nach draußen, aber niemand legte sich mit den Soldaten an, niemand sagte ein Wort zu ihnen.

Der Ku-Klux-Klan

Schwarze hatten damals überhaupt nichts zu sagen, und einen Weißen vor Gericht zu bringen war ein Ding der Unmöglichkeit. Wir konnten nicht wählen; wir wurden nicht einmal als Bürger oder Bürgerinnen betrachtet. Bei manchen Weißen hatten wir Angst, etwas falsch zu machen, und zwar wegen dem Ku-Klux-Klan. Wir hatten nicht vor allen Weißen Angst, nur vor bestimmten, denn die Ku-Klux-Klan-Männer waren sehr gefährlich. Ich meine, sie konnten einen ohne irgendeinen Grund verletzen oder töten und niemand tat was dagegen.

Wegen der Klansmänner hatte ich Angst, nachts noch auf der Straße zu sein. Damals waren überall nur unbefestigte Straßen. Wenn ich nachts unterwegs war, drehte ich mich ständig um. Kam ein Auto, sprang ich automatisch in den Straßengraben und versteckte mich. Wenn es in der Nähe eines Waldes war, rannte ich in den Wald rein, warf mich auf den Boden und verhielt mich ganz still, denn wenn sie mich gekriegt hätten, dann hätten sie mich verprügelt und mich verletzt. Das nannten sie dann, sich einen Spaß machen. Für die war das Spaß.

Wenn man sich versteckt hatte und sie entdeckten einen, dann haben sie gerufen und wollten einen zum Auto locken, indem sie sagten, sie würden einem nichts tun. Oder sie knallten die Autotür zu, als wollten sie weiter, und das Auto fuhr auch ab, aber zwei oder drei von ihnen blieben stehen, und wenn man dann aus dem Gebüsch oder woher auch immer kam, dann fielen sie über einen her und verprügelten einen. Nachts gingen wir meistens an den Bahngleisen lang oder benutzten die Wege im Wald, am Rand der Felder, damit wir nicht gesehen wurden. Denn sonst konnte es übel ausgehen.

Die Klansmänner waren manchmal zu Pferde, manchmal zu Fuß unterwegs. Sie hatten ein Kreuz dabei. Das Kreuz verbrannten sie vor den Häusern schwarzer Leute. Wenn wir in die kleine Stadt Fuquay gingen, dann wurden wir manchmal gewarnt, wir sollten heute Nacht vorsichtig sein, der Ku-Klux-Klan würde umherziehen. Wir wussten nie, welches Haus sie auswählen würden oder was sie vorhatten, sicher war nur, dass sie irgendwann in der Nacht kommen würden.

Manchmal sagte Mr. Johnson zu meinem Vater, am Sonnabendnachmittag zum Beispiel: »Bleibt heute Abend lieber zu Hause, seid vorsichtig, ich habe gehört, die Klansmänner wollen losziehen.« Nun, er war in Ordnung, er wird wahrscheinlich zu den Klansmännern gesagt haben: »Jagt ihnen bloß einen Schrecken ein.« Die Weißen wollten nämlich, dass wir zu Hause bleiben, damit wir uns nicht irgendwo treffen und zusammentun würden. Es war allerdings so, wenn man sich einem Weißen gegenüber schlecht benommen hatte, dann gab es keinen Schutz und die Klansmänner schlugen einen zusammen. Doch wenn wir uns benahmen, wie es sich gehörte, wenn wir auf dem vorgeschriebenen Weg blieben, wenn wir brav waren, dann ritten die Klansmänner einfach nur vorbei, um uns zu zeigen, dass sie da waren, um uns Angst zu machen.

In solchen Nächten kletterte mein Vater die Leiter hoch und setzte sich oben auf unser Dach, neben den Schornstein, und ich bin dann auch raufgeklettert und habe ihm Kaffee gebracht, und manchmal setzte sich auch mein Großvater zu ihm. Sie hielten nach den Klansmännern Ausschau.

Wenn die Klansmänner kamen, klopfte mein Vater dreimal aufs Dach. Keiner war im Bett, nur die ganz Kleinen. Wir hatten alle Lichter aus und warteten ab, ob die Klansmänner kommen würden. Wenn sie kamen, dann rannten wir weg – mein Vater und meine Mutter und mein Großvater und wir Kinder –, jeder hatte sein Versteck, so dass wir genau wussten, wohin, denn wir lebten ja sowieso im Wald, und wir versteckten uns, bis die Klansmänner weg waren.

So war unser Leben in jenen Jahren. Für uns war das ganz natürlich, das gehörte zum Überleben. Meistens wurde darüber noch nicht mal gesprochen. Unsere Eltern, die waren ja sehr fromm, und sie glaubten, dass Gott auf sie aufpassen würde. Was auch immer ein Weißer einem aus unserer Nachbarschaft antat, meine Eltern warfen ihm das nicht vor, sie waren nicht wütend oder so. Sie haben gebetet und gesagt: »Gott wird ihn strafen.« Für sie war das so – sie hatten so eine Art Aberglauben –, wenn einem Weißen was zustieß, irgendwas, dann sagten sie: »Seht ihr?« Ich weiß noch, wie der eine Mann, der seine Pächter schlecht behandelte, auf seinem Pferd ritt und gegen einen Ast stieß und dabei ums Leben kam, und wie unsere Eltern dann sagten, Gott hätte ihn bestraft. Sie hatten kein Interesse daran, an irgendwelchen Protestmärschen oder so was teilzunehmen; sie meinten, Moses würde die Schwarzen wie einst die Juden aus der Knechtschaft führen. Sie dachten – und wir dürfen nicht vergessen, wir haben es mit ungebildeten, richtig frommen Leuten zu tun –, dass es für sie nur Gott gäbe, an den sie glauben konnten, und daher beteten sie wegen jedem kleinsten Problem. Sie nahmen an, Er würde jemandem vom Himmel runterschicken. Gott sei Dank hatten sie wenigstens diesen Halt.

Mich haben schon Leute gefragt: »Warum habt ihr denn nicht die Polizei gerufen oder warum ist die Polizei nicht gekommen?« Wir hatten Angst vor der Polizei, weil viele Polizisten Klansmänner waren. Sie wurden damals aber nicht Polizisten genannt, sondern hießen entweder Sheriff oder Konstabler. Der eine Konstabler zum Beispiel war Amateurboxer gewesen. Wenn der einen Schwarzen eingesperrt hatte, zog er ihm Handschuhe an und benutzte ihn zum Trainieren. Einem Jungen, Scott, dem hatte er Handschuhe angezogen und den hat er dann totgeschlagen. Scotts Bruder ist hingegangen, um nach dem Jungen zu sehen und ihn rauszuholen, und da erfuhr er, dass sein Bruder tot war. Er ist hin zu dem Konstabler, weil er rausfinden wollte, was geschehen war, und der Konstabler hat auch ihn getötet. Beide Brüder in einer Nacht. Die Sache wurde niemals untersucht. Der Konstabler hat Leute verprügelt und ihnen die Zähne ausgeschlagen und alles, aber er blieb ungeschoren, es wurde keine Untersuchung angestellt – gar nichts.

Mein fünfzehnter Geburtstag

Als ich ungefähr vierzehn war, hatten wir unsere Schulden bei Mr. Johnson abgearbeitet, und wir zogen von seiner Farm zu der von Mr. Tompkins, wo wir ein Haus mieteten. Mr. Tompkins war ein schwarzer Mann, der das Land von seinem Vater oder jemand anderem geerbt hatte. Es war keine so riesige Farm mit ganz vielen Morgen wie die von Mr. Johnson. Ich glaube, Mr. Tompkins hatte so etwa fünfundzwanzig bis dreißig Morgen, aber selbst das war in jenen Tagen außergewöhnlich für einen schwarzen Mann.

Bei Mr. Tompkins waren wir keine Pächter. Wir arbeiteten einfach auf seiner Farm und er bezahlte uns. Nach einer Weile beschloss mein Vater, dass wir zu Mr. Johnson zurückgehen sollten, weil er meinte, uns würde es dort besser gehen, aber kurz bevor wir umzogen, wurde mein Vater getötet.

Es war mein fünfzehnter Geburtstag. Mein Vater und meine Mutter gingen aus dem Haus, um mir in Fuquay ein kleines Geschenk zu besorgen, wie sie das immer taten. Da kamen ein paar weiße Jungs in ihrem Auto an unserem Haus vorbei und sie schrien und johlten, alle total betrunken, und wir Kinder sahen meinen Vater und meine Mutter die Straße langgehen.

Ich weiß noch, wie es war, bevor das Auto meinen Vater erwischte. Ich weiß noch, wie mein Vater und meine Mutter losgerannt sind. Sie wollten es bis zum nächsten Haus schaffen und sind losgelaufen. Ich weiß noch, wie das Auto auf meinen Vater zugefahren ist. Ich weiß noch, wie mein Vater meine Mutter die steile Böschung hinuntergestoßen hat. Ich habe es genau gesehen. In dem Moment hat ihn das Auto erfasst und umgerissen.

Wir Kinder, wir haben das alle gesehen. Und

das Auto ist bis zur nächsten Auffahrt gefahren und hat gewendet.

Ich habe gesehen, wie mein Vater versuchte aufzustehen, aber offensichtlich waren seine Hüfte oder seine Beine gebrochen, denn sie hatten ihn an der Seite getroffen und er konnte nicht aufstehen. Das Auto kam zurück und steuerte auf die Straßenseite zu, wo mein Vater lag, und der Fahrer rollte einfach über ihn drüber, als würde er einen Hund oder so was überfahren. Mein Vater blieb unter dem Auto hängen und sie schleiften ihn fast bis zu unserem Haus. Meine Brüder und Schwestern, wir alle haben zugeguckt. Und das Auto hielt an, die Jungs sprangen heraus und guckten drunter und sahen, dass mein Vater da festklemmte. Sie zogen ihn hervor. Dann stiegen sie ins Auto und fuhren weiter. Wir stürzten aus der Haustür, und die Jungs brüllten uns an und bewarfen uns mit Bierdosen. Wir rasten zu meinem Vater.

Ich war als Erster bei ihm, aber er war tot. Er war übel zugerichtet, hatte ein riesiges Loch im Kopf. Er war tot. Ich schaute rüber zu meiner Mutter, die im Graben lag. Sie war bewusstlos. Sie hatte gar nicht mitbekommen, was geschehen war.

Am nächsten Morgen kamen der Junge, der das Auto gefahren hatte, und sein Vater zu uns. Wir wussten, wer sie waren. Eine sehr bekannte Familie mit einer großen Farm. Und sie handelten mit Autos, wir nannten sie Parkplatzhändler. Reiche Leute. Der Junge und sein Vater besuchten meine Mutter, die im Bett lag, weil sie schwer verletzt und vollkommen am Ende war. Der Mann sagte zu meiner Mutter: »Tja, tut mir Leid, was geschehen ist. Aber du weißt doch, Jungs sind nun mal Jungs. Meine Frau hat gesagt, ich soll dir hundert Dollar geben. Ich weiß ja nicht. Hundert Dollar ist eine Menge Geld, aber sie hat gesagt, ich soll's dir geben, davon kannst du die Beerdigung bezahlen.« Und dann drehte er sich zu seinem Sohn um und sagte: »Entschuldige dich. Sag, es tut dir Leid, dass du ihren Mann überfahren hast.« Aber der Junge machte den Mund nicht auf. Er drehte sich nur um und ging aus dem Haus. Also sagte sein Vater: »Nun, dann entschuldige ich mich für ihn. Es tut mir Leid, aber ich hoffe, du kommst auch ohne deinen Mann zurecht. Du musst dich einfach damit abfinden, dass solche Dinge passieren.«

Und damit hatte es sich. Es kam kein Sheriff und es gab keine Untersuchung, gar nichts. Sie taten nichts und wir hörten nichts mehr davon. Aber es war nicht das erste Mal, dass so was geschah. Ich meine, Leute sind überfahren worden, Leute sind von Autos angefahren und von Autos zu Krüppeln gefahren worden und niemand hat was dagegen getan.

Später zog meine Mutter dann doch vor Gericht, in Raleigh, aber die Sache wurde nicht weiter verfolgt, das Verfahren wurde einfach eingestellt. Sie hatte einen Pflichtanwalt, weil sie kein Geld für einen eigenen Anwalt hatte, aber ich kann mich nicht erinnern, ob er überhaupt etwas getan hat. Ihnen ging es nur darum, später, in der Öffentlichkeit, sagen zu können, dass wir unseren Tag im Gericht bekommen hatten. Heute würde es anders sein, aber damals spielte es keine Rolle, was wir über das Verbrechen dachten, weil – was hätten wir schon tun können? Nicht, dass wir den Tod meines Vaters akzeptiert hätten, er schmerzte uns sehr, aber wir verhielten uns ruhig, wollten kein Aufsehen erregen, denn wir hätten sowieso nichts erreicht.

Mr. Johnson war sehr freundlich zu uns, als mein Vater umgebracht worden war. Er hatte meinen Vater sein ganzes Leben lang gekannt und schon der Vater meines Vaters hatte für ihn gearbeitet. Mr. Johnson kam zur Beerdigung und er kaufte uns allen Anzüge. Ehrlich gesagt, ich glaube, das waren die ersten Anzüge unseres Lebens.

Also zogen wir wieder auf Mr. Johnsons Farm. Es war nicht seine alte. Mr. Johnson hatte eine andere Farm gekauft, eine moderne. Zwar hatte das Haus, in das wir zogen, als wir von der Tompkins-Farm weggingen, immer noch kein Badezimmer, und Wasser gab es nur im Brunnen vor dem Haus, aber wir hatten elektrisches Licht und es war ein schönes, wetterfestes Haus. Uns gefiel es dort, und wir blieben und arbeiteten, bis Mr. Johnson krank wurde und starb. Doch mit seinen Söhnen, den jüngeren, kamen wir nicht zurecht, weil sie anfingen, sich über die Farm und alles zu streiten, so dass wir auf eine andere Farm zogen, zu den Deans.

Sowieso hatte sich unsere Beziehung zu Mr. Johnson verändert, nachdem wir zurückgekehrt waren, weil inzwischen andere Zeiten waren. Ich meine, wir verdienten nicht viel Geld, aber es war doch schon etwas mehr als früher, weil wir Kinder nun ein bisschen Schulbildung hatten. Zum Beispiel, wenn meine Mutter zu Mr. Johnson ging, um sich Geld zu holen, dann schrieb ich mir auf, was er aufschrieb. Oder wenn ich mit ihm Dünger oder so was holte, dann schrieb ich den Preis vom Dünger auf, und er schrieb sich das auch auf, und auf die Art führten wir beide Buch. In den Jahren davor hätte ich das nicht tun können, da wäre das als Beleidigung aufgefasst worden.

Gelegenheitsarbeiten

Wann immer ich konnte, suchte ich mir eine Gelegenheitsarbeit, um ein bisschen zusätzliches Geld zu verdienen. Und das ging so: Wenn ein Freund von mir irgendwo arbeitete, sagte er zu mir: »He, die zahlen hier einen Vierteldollar ... und hier fünfzehn Cent mehr ...« Mit anderen Worten, es ging ums Überleben. Wir arbeiteten, wo wir arbeiten konnten, damit wir etwas Geld verdienten, um uns Hosen oder so was kaufen zu können. Meine Mutter tat, was sie konnte, aber wir mussten alle was dazutun. Nur darauf kam es an. Und mit dem, was uns blieb, wussten wir schon was anzufangen, selbst wenn wir es einfach aufaßen.

Einmal habe ich auf einem Tabakmarkt gearbeitet. Nach der Schule und in der Nacht habe ich dort gearbeitet, Laster abgeladen und hier und da ausgeholfen.

Ich stand im Gang und hinter mir tauchten zwei Männer und ein kleiner Junge auf. Ich habe sie nicht gesehen. Der Junge berührte mich am Bein und sagte: »Entschuldigung, kann ich bitte vorbei?« Ich trat zur Seite. Sofort knöpfte sich der Vater seinen Sohn vor und stellte ihn zur Rede: »Was hast du zu ihm gesagt?« Und der kleine Junge guckte ihn bloß an. Er verstand nicht, worum es ging, und der Vater wiederholte: »Ich habe gefragt, was hast du zu ihm gesagt?« Und der kleine Junge antwortete: »Ich habe gesagt: Entschuldigung.« Sein Vater schlug ihm ins Gesicht und sagte zu ihm: »Tu das nie wieder. Niemals wirst du einen Nigger um Entschuldigung bitten. Wenn er dir im Weg ist, gibst du ihm einen Tritt.« Er forderte den kleinen Jungen auf, mir einen Tritt zu geben. Und der kleine Junge trat mich ans Schienbein. Er trat sogar zweimal. Er ging weiter und drehte sich zu mir um und starrte mich mit seinen blauen Augen an, und er hatte einen traurigen Ausdruck im Gesicht, als täte es ihm Leid. Nie werde ich den Gesichtsausdruck von dem kleinen Kerl vergessen.

Auf dem Markt gab es zwei Trinkbrunnen. An dem einen war ein Schild für Weiße und am anderen eins für Farbige, genau wie bei den Toiletten. Da war ein älterer schwarzer Mann, der nicht lesen konnte. Er muss die Trinkbrunnen verwechselt haben. Jedenfalls trank er von dem weißen Brunnen und ein weißer Mann sah ihn dabei. Der weiße Mann sprang mit einem Tabakstock in der Hand – das ist eine hölzerne Latte zum Aufhängen der Tabakblätter, die etwa sechs Fuß lang ist und einen Zoll Durchmesser hat – von seinem Laster und stürzte sich auf den alten Mann – der noch am Trinken war – und schlug den alten Mann auf den Kopf, dass der Tabakstock zerbrach. Inzwischen hatten sich noch drei oder vier andere weiße Männer dazugesellt, und sie alle schlugen und traten den armen Mann halb tot.

Bloß weil er vom Trinkbrunnen der Weißen getrunken hatte.

Ein anderes Mal habe ich in einem Restaurant in Fuquay gearbeitet, wo ich die Vordertür nicht benutzen durfte. Wir warteten auf dem Parkplatz, bis der Besitzer uns reinließ. Wir mussten zur Hintertür, während die weißen Angestellten vorne reingingen. Wir durften auch nicht vorne arbeiten oder so. Wir mussten in der Küche arbeiten, im hinteren Teil. Und obwohl wir die Toiletten sauber machten, bevor die Gäste kamen, durften wir uns ja nicht dabei erwischen lassen, sie zu benutzen, sonst wären wir dran gewesen. Wenn geschlossen war und keiner mehr da war, konnten wir durch die Vordertür gehen, um den Müll nach draußen zu bringen – aber morgens zur Arbeit vorne reingehen, nein, das gab's nicht.

* * *

Einmal hatte ich einen Job außerhalb von Raleigh, und ich musste mit dem Bus fahren, um dort hinzukommen. Damals, wenn wir mit dem Bus fuhren, mussten wir zweimal einsteigen. Erst vorne, zum Bezahlen, aber dann durften wir nicht durch die Reihen der Weißen nach hinten gehen. Wir mussten wieder aussteigen, außen herumgehen und dann durch die Hintertür wieder rein. Der Bus hatte in der Mitte eine weiße Linie auf dem Boden und da durften wir nicht drüber. Egal, wie viel Leute hinten im Bus saßen, wenn nur ein einziger weißer Fahrgast vorne, auf der anderen Seite der Linie saß, durften wir nicht rüber. Wenn die weiße Seite voll war, dann überquerten die Weißen die Linie und kamen nach hinten und wir durften nicht mehr sitzen. Manche Weiße legten ihre Taschentücher auf den Sitz, bevor sie sich setzten. Wenn ganz viele weiße Leute einsteigen wollten und der hintere Teil des Busses voll war, dann hielt der Fahrer an und wir mussten aussteigen. Sie haben uns nicht das Geld zurückgegeben oder so. Sie haben einfach gesagt: »Okay, raus mit euch. Du, du und du, ihr steigt aus.« Und dann mussten wir aussteigen, und manchmal mussten wir rennen, um nicht zu spät zur Arbeit zu kommen.

Ich arbeitete auch mal für einen weißen Mann, der sehr viel Bier trank. Er transportierte Holz für die Papierverarbeitung, und er brauchte jemanden, der für ihn sägte und den Wagen belud.

An einem Sonnabend fuhren wir zu diesem Bierlokal und er parkte am Straßenrand im Schatten eines Baumes. Ich konnte nicht mit ihm reingehen, also blieb ich im Lieferwagen sitzen und wartete auf ihn. Ich hatte schon eine ganze Weile da gesessen, als ich plötzlich Männer und Frauen aus dem Lokal kommen sah. Ich fragte mich, was da wohl los sein mochte, und dann sah ich, dass sie auf den Lieferwagen zukamen, und ich wusste, dass da etwas nicht stimmte und dass ich das Opfer sein würde. Eine Minute lang saß ich da und wusste nicht, was ich tun sollte, da sah ich hinter dem Gebäude einen Mann mit zwei riesigen Hunden vorkommen.

Ich wusste immer noch nicht, was ich tun sollte, und ich dachte, das wäre jetzt das Ende meines Lebens, denn mir war klar, die würden die Hunde auf mich hetzen. Ich verriegelte die Wagentür. Als sie zum Lieferwagen kamen, sagte der Mann, für den ich arbeitete: »Mach die Tür auf.« Aber ich entriegelte das Schloss nicht. Also nahm er seinen Schlüssel und schloss auf. Ich sprang raus und kletterte auf das Dach des Wagens. Der Mann mit den Hunden sagte zu mir: »Na los, Junge, lauf um dein Leben. Wenn du es bis auf den Baum da schaffst, dann pfeif ich die Hunde zurück.« Ich sah, wie die Leute ihr Geld rausholten und Wetten abschlossen, ob ich es schaffen würde oder nicht. Nun, ich wusste nicht, was ich tun sollte. Ich dachte, das wäre mein Ende. Was für eine furchtbare Art zu sterben. Und sie sagten andauernd: »Los, lauf, lauf, du sollst laufen.«

Der Mann ließ beide Hunde los. Die Hunde sprangen am Wagen hoch und einer packte mich an der Hacke und versuchte mich vom Dach zu zerren. Ich strampelte wie wild. Das werde ich nie vergessen. Hilflos krallte ich mich an den Lieferwagen, schrie und brüllte und flehte den Mann an, seine Hunde zurückzurufen. Ich brüllte und schrie und flehte den Mann an, für den ich arbeitete, mir bitte, bitte zu helfen.

Und da kamen wie von Gott gesandt – ich glaube immer noch, dass es ein Wunder war, was dann geschah – zwei weiße Männer vorbeigefahren und die traten sofort auf die Bremse. Sie sprangen aus ihrem Wagen, und einer von ihnen hatte ein Gewehr und der sagte zu dem Mann mit den Hunden: »Wenn Sie die Hunde nicht zurückrufen, erschieße ich sie.« Und der Mann pfiff die Hunde zurück. Zu mir sagte der Mann mit dem Gewehr: »Hau ab – lauf los.« Ich rannte los, mein Bein blutete und alles und ich rannte die Straße lang, und ich wusste nicht wohin, andauernd guckte ich mich um, weil ich nicht wusste, ob sie hinter mir her waren, mich verfolgten oder was. Da sah ich eine große Abflussröhre, die unter der Straße hindurchlief. Voller Todesangst stürzte ich mich hinein. Ich blieb den ganzen Nachmittag in der Röhre liegen und wartete, bis es dunkel war, bevor ich rauskam, denn ich hatte Angst, und ich wusste nicht, ob sie noch nach mir suchten. So war unser Leben damals. Aber für den Mann habe ich nie wieder gearbeitet.

Protestmärsche

Nun, und dann geschah es, als unsere Schulen langsam besser wurden, in den fünfziger Jahren, dass wir lernten, wir müssten nicht so leben, egal, was unsere Eltern sagten. Wir lernten, dass wir bestimmte Rechte hatten: das Recht, unsere Meinung zu äußern, das Recht auf freie Religionsausübung. Wir lernten die Verfassung der Vereinigten Staaten kennen. Wir lernten, dass alle Menschen gleich geschaffen sind. Wir wussten, es ist Zeit für Veränderungen.

Ich weiß noch, wie ich in der elften Klasse oder so war und Leute in die Schulen kamen und die Schüler der Oberschule aufforderten, sich an ihren Protestmärschen zu beteiligen. Diese Leute wollten in Raleigh demonstrieren und sie kamen und redeten mit uns. Es war nicht so, dass sie uns irgendwie unter Druck setzten, nein, sie haben uns alles erklärt, was wir tun könnten und was sie tun würden, und dass es unsere Sache wäre, ob wir mitmachten. Sie brauchten nicht viel zu sagen – wir waren bereit, etwas zu tun. Natürlich nahmen wir an, dass es turbulent werden könnte, aber uns war nicht klar, dass es so schlimm werden würde, wie wir es dann erlebten. Unsere Eltern sagten zu uns: »Wir verstehen das nicht. Wisst ihr nicht, dass sie euch umbringen können, bloß weil ihr diesen Leuten zuhört? Sie werden euch zusammenschlagen. Was ist los mit euch?« Dann sagten wir zu ihnen: »Wir werden doch jetzt schon zusammengeschlagen. Wir werden jetzt schon getötet. Also lass ich mich doch lieber dafür zusammenschlagen, dass ich was tue, dass ich was zu ändern versuche. Ich meine, warum soll ich mich für nichts und wieder nichts verprügeln lassen?« Das haben wir ihnen geantwortet.

Martin Luther King jr. kam nach Raleigh. Er

ging in die Hauptstädte, weil da die Gouverneure und die Bürgermeister und alle waren. Ich weiß noch, dass er Abordnungen zu uns in die Oberschule schickte, und dieselben Leute gingen auch zum College in Raleigh, einem schwarzen College, die Shaw Universität. Sie kamen zu uns, weil es keinen Sinn hatte, mit unseren Eltern und solchen Leuten zu sprechen, denn die konnten sich nicht an der Bewegung beteiligen: Erstens, weil sie auf den Farmen lebten. Und wenn die Weißen rausgekriegt hätten, dass sie bei einer solchen Bewegung mitmachten, dann wären sie automatisch von der Farm geflogen und hätten nirgends mehr einen Job gekriegt; und zweitens wäre der Ku-Klux-Klan über sie hergefallen. Also kamen nur die Oberschüler und die College-Studenten in Frage.

Später, als ich etwas älter war, versammelten wir uns morgens in Raleigh, um zu demonstrieren. Wir trafen uns vor dem Haus des Bürgermeisters. Wenn wir mit der Demonstration beginnen wollten, warteten schon die Männer vom Klu-Klux-Klan auf uns. Sie demonstrierten, bevor wir demonstrierten, und sie hatten Plakate, auf denen *Weiße Macht* und so was stand, und sie wurden von der Polizei begleitet. Wir konnten nicht verstehen, warum die Polizei sie beschützte, denn den Klansmännern tat doch niemand was.

Bevor wir losmarschierten, hatten wir uns Gummischläuche besorgt und aufgeschnitten. Die wickelten wir uns um unseren nackten Körper und die Arme. Dann zogen wir unsere Sachen wieder an und oben drüber noch ganz weite Latzhosen oder andere weite Sachen. Wir machten uns auch Mützen aus Damen-Baumwollstrümpfen, die wir mit Watte oder Zeitungen ausstopften, bevor wir sie uns über den Kopf stülpten. Die Schläuche trugen wir, falls uns Hunde anfielen. Das Zeitungspapier oder die Watte waren zum Schutz vor Schlägen.

Wenn wir losmarschieren wollten, standen die Klansmänner und die weißen Bürger alle auf einer Seite. Wir hakten uns unter. Wir gingen los und die Leute fingen an, uns mit Gegenständen zu bewerfen. Sie hatten Papiertüten mit menschlichen Fäkalien drin. Sie rannten auf uns zu und versuchten uns vergammelte Eier ins Gesicht zu schmeißen. Sie hatten in Milchflaschen uriniert, um uns damit zu bewerfen. Aber wir marschierten weiter. Wir waren entschlossen und hatten nichts zu verlieren.

Es war gut, dass Martin Luther King gewaltlos war, denn wenn beide Seiten angefangen hätten zu kämpfen und Waffen und so zu tragen, dann wäre ein Chaos ausgebrochen. Ich bin überzeugt, dass Gewaltlosigkeit die einzige Lösung war.

Es war ein wahnsinniges Gefühl – nicht zu wissen, ob man die nächste Stunde überleben würde oder nicht. Denn es ging das Gerücht herum, die Klansmänner hätten Schusswaffen. Es wurde gemunkelt, sie würden Dynamit in die Menge werfen. Auch das war eine furchtbare Vorstellung. Die Polizisten standen Schulter an Schulter. Sie versperrten uns den

Weg und wir versuchten ihre Reihen zu durchbrechen. Sie hatten Hunde. Wegen der Hunde fingen wir an zu rennen. Das Wichtigste war, nicht hinzufallen, wenn es irgend ging. Wenn man hinfiel, dann konnten die Hunde einen verletzen oder übel zurichten. Wir mussten auf den Beinen bleiben.

Nun, unter den Polizisten gab es einige, die zwar auf uns eingeschlagen haben, aber sie haben nicht so fest zugeschlagen. Sie haben nur so getan, als schlügen sie uns, und dabei gesagt: »Lauft schon, lauft!« Das waren die guten Polizisten.

Wenn wir an den Polizisten vorbei waren, dann stießen wir auf die Feuerwehrleute mit ihren Tankwagen und Wasserschläuchen. Und ihr könnt mir glauben, das Wasser konnte einem regelrecht die Haut vom Leibe reißen. Sie haben jede Menge Wasser gespritzt. Wir haben unsere Hände zwischen die Beine gesteckt, damit unsere Glieder nicht durch die Gegend gewirbelt wurden, und das Wasser hat uns zu Boden gerissen und wir haben uns einfach treiben lassen, egal, wohin. Gegen so was kommt man nicht an.

Dann sind wir die Straße entlanggerast. Die Polizisten und die Hunde und die Klansmänner – alle haben sie uns gejagt und wir sind bloß gewetzt. Ich weiß noch, dass Griechen und Juden da ihre Geschäfte hatten. Sie standen in den Eingängen und winkten uns in ihre Läden. Wir sausten runter in die Keller und versteckten uns.

Manchmal standen am Ende der Fayetteville-Straße Autos, in denen Leute saßen, Schwarze und Weiße, und wir rasten hin und sprangen in einen der Wagen, der losbrauste und uns dann aus der Stadt brachte.

In Raleigh gab es ein schwarzes Viertel. Man könnte meinen, die Leute dort hätten uns geholfen, sobald wir es in ihr Viertel geschafft hatten, damit wir in Sicherheit gewesen wären. Aber die standen da mit Schaufeln, Eispickeln und was sonst noch, um uns zu vertreiben. Sie sagten, wir wären Unruhestifter, und sie hassten uns. Die Leute arbeiteten in Raleigh und sie konnten wegen der Demonstrationen nicht zur Arbeit. Also waren sie arbeitslos. Das ist der Hauptgrund, warum sie uns hassten.

Aber wir hörten nicht auf zu demonstrieren und machten weiter, als gäbe es nichts anderes zu tun, denn wir konnten nicht mehr umkehren, nachdem wir einmal angefangen hatten. Meistens legten wir es darauf an, in die schwarze Marie zu kommen, wie die Gefangenentransporter genannt wurden. Diese Wagen waren schwarz, und es heißt, den Spitznamen schwarze Marie hätten sie wegen einer großen, starken Frau, die sich jeden Sonnabend so betrunken hatte, dass immer vier oder fünf Polizisten benötigt wurden, um sie in so einen Transporter zu schaffen. Jedenfalls war das der Wagen, mit dem man ins Gefängnis gebracht wurde. Wir wollten ins Gefängnis, denn sie behielten einen über Nacht dort, und da war man sicher. Im Gefängnis gab es Leute, die uns einreden wollten, Martin Luther King wäre Kommunist und er würde für die Deutschen arbeiten und er würde den

Frieden zwischen den Weißen und den Farbigen zerstören. Wenn die Leute vom Ku-Klux-Klan damit anfingen, dann sangen wir alte Negerlieder und so was. Und ich weiß noch, wie sie mit Wasserschläuchen kamen und auf uns zielten, damit wir mit dem Singen aufhörten, und wir stellten unsere Matratzen zwischen uns und die Schläuche, damit wir nicht vom Wasser getroffen wurden.

Aber wir machten immer weiter. Eines Tages gingen wir wieder einmal zu dem großen Haus, in dem der Bürgermeister wohnte, um zu demonstrieren. Das war, als wir diese Demonstrationen schon ziemlich lange machten, und ich weiß noch, wie an jenem Tag, als wir dort eintrafen, der Bürgermeister auf der Treppe stand und die Nationalgarde aufgezogen war. Wir dachten schon, das war's jetzt. Wenn Soldaten da waren, würde es bestimmt Tote geben.

Aber der Bürgermeister sagte, von nun an würden die Demonstrationen beschützt werden. Wer jemanden beschimpft oder Steine wirft oder so was, der wird festgenommen. Wir konnten es nicht so recht glauben, was wir da hörten. Als er seine Rede beendet hatte, klatschten wir und machten Sprechchöre und zogen durch die Straßen. Die weißen Zuschauer und die Klansmänner konnten es nicht fassen. Sie schwärmten aus und wollten alles so wie immer machen. Die Soldaten der Nationalgarde schnappten sie, legten ihnen Handschellen an und brachten sie ins Gefängnis, und wir waren vollkommen überrascht. Wir haben gedacht, wir träumen. Wir hätten nie gedacht, dass so etwas passieren könnte – dass Weiße ins Gefängnis kommen, weil sie uns beschimpfen. Wir konnten einfach nicht glauben, dass das geschah. Aber wir sahen es ja mit unseren eigenen Augen. Das war der schönste Tag in meinem Leben.

Unsere Freunde und Verwandten haben immer zu uns gesagt: »Was soll das bloß? Warum tut ihr das alles? Niemals werdet ihr durch die Vordertür in den Drugstore gehen. Niemals werdet ihr neben dem weißen Mann in einem schönen Haus leben. Das ist im Leben nicht vorgesehen.«

Aber unsere Freunde und Verwandten verstanden genauso wenig wie die Weißen, was wir fühlten, wie wir die Sache sahen. Uns war egal, neben wem wir saßen. Uns war egal, neben wem wir wohnten. Es war uns nicht so wichtig, durch die Vordertür reinzugehen. Uns ging es darum, uns von niemandem vorschreiben zu lassen, was wir in Amerika, dem Land der Freiheit, dem Land der Demokratie, tun und lassen durften. Dafür haben wir uns zusammenschlagen lassen. So einfach war das.

Nachwort

Ich habe überall gearbeitet, wo ich Geld verdienen konnte. Die einzige anständige Arbeit, die ich je gehabt habe, ist die hier in Baltimore; seit fast dreißig Jahren bin ich Hausmeister in der Park-Schule. Die anderen Stellen waren nur Jobs, mal hier, mal dort, für länger oder kürzer. Geheiratet habe ich in North Carolina, aber meine Frau und ich, wir haben uns scheiden lassen. Wir haben eine Tochter, die ist immer noch in Raleigh, wo sie einen guten Job als Krankenschwester hat. Ich habe noch mal geheiratet und mich wieder getrennt, aber ich habe zwei Söhne mit der Frau. Mein Jüngster geht in die Oberschule, der Älteste, er ist zurück in den Süden gegangen.

Ich wurde geehrt, denn die Park-Schule, wo

ich arbeite, hat mir ein Jahrbuch gewidmet, eine ganze Seite war nur über mich und es hat eine große Versammlung gegeben.

Einer meiner Brüder arbeitet auch hier an der Schule, und der Rat der Ehemaligen Schüler der Park-Schule stiftete ein Stipendium, das unseren Namen trägt, um uns für all die Jahre, die wir an der Schule gearbeitet haben, zu ehren. Das Stipendium ist für Kinder aus Baltimore, egal, welche Hautfarbe sie haben.

Die Schule hat für meinen Bruder und mich ein großes Fest veranstaltet. Sie überraschten uns mit dem Beschluss des Abgeordnetenhauses von Maryland, das das Stipendium zum Gesetz erklärt. Ein ganz offizielles Dokument. Es hängt jetzt an der Wand der Kirche, in der meine Mutter Diakonin ist. Sie war der erste weibliche Diakon der Gemeinde. In der Kirche gibt es eine Eltern-Kinder-Ecke: Wenn ein Sohn oder eine Tochter eines Gemeindemitglieds etwas Gutes getan hat, dann wird ein Bild von ihm oder ihr aufgehängt. Damit sollen die jungen Leute beeinflusst werden, sie sollen erfahren, was Menschen erreicht haben, die aus ihrer Gegend stammen. Mein Bruder und ich, wir sind sehr stolz darauf.

Zu diesem Buch

Vor mehr als vier Jahren, als meine jüngere Tochter zwölf Jahre alt war, hörte sie bei einer Schulversammlung in der Park-Schule in Baltimore Leon Walter Tillage sprechen, so wie er das jedes Jahr tut – das gehört zum Lehrplan.

Sie kam aus der Schule nach Hause und erzählte mir davon. »Leon ist im Süden aufgewachsen«, sagte sie. »Er hat von früher erzählt. Das war schrecklich.«

An jenem Nachmittag saßen wir zwei Stunden zusammen und sprachen über das, was Leon Walter Tillage gesagt hatte. Noch bevor meine Tochter zu Ende erzählt hatte, war mir klar, dass diese Geschichte mehr Menschen zu hören bekommen müssten, als der siebte Jahrgang der Park-Schule. Ich hatte das Gefühl, die ganze Welt müsste dem Mann zuhören.

Ich traf mich mit Leon Tillage. Ich erzählte ihm, wie sehr seine Geschichte meine Tochter und mich bewegt habe, und ich schlug ihm vor, sie einem größeren Publikum zu erzählen – in einem Buch. Ob er mir erlauben würde, ihm dabei zu helfen, fragte ich ihn. Er war einverstanden.

Am nächsten Tag hatte Leon seine Geschichte für mich auf ein Tonband gesprochen. Der Text dieses Buches ist eine Abschrift dieses ersten Bandes und noch zweier weiterer Bänder, die wir später aufgenommen haben, um bestimmte Dinge zu verdeutlichen. Wir haben uns große Mühe gegeben, Leons eigene Stimme zum Ausdruck kommen zu lassen. Er war an der Bearbeitung des Textes beteiligt und hat seine Zustimmung gegeben. Wir haben nur dann etwas verändert, wenn die Kluft zwischen dem gesprochenen und dem geschriebenen Wort zu groß war.

Um die Collagen für dieses Buch machen zu

können, habe ich viele Bücher, erzählende Literatur und Sachbücher, über die Südstaaten der USA in den dreißiger, vierziger und fünfziger Jahren gelesen. Leon und ich haben gemeinsam eine Pilgerfahrt in seine alte Heimat North Carolina gemacht. Ich habe all die Orte gesehen, die er in seiner Geschichte erwähnt. Viele Gebäude stehen nicht mehr, aber ich bin dort gewesen, wo sie einst standen. Das Haus auf Mr. Johnsons Farm ist verschwunden, aber Leon konnte mir die Spuren der Fundamente zeigen, und es gab noch einige Stücke, die die Umrisse des Kamins erkennen ließen. Auch die Schule in Providence steht nicht mehr, aber ich habe im Haus von Leons Bruder einen alten Kanonenofen zu sehen bekommen. Beide Brüder zeigten mir, wo das Holz reinkam. Leons Familie hat mich herzlich willkommen geheißen. Sie haben mir ihre Geschichten erzählt. Ich habe mir die Familienfotos angeschaut. Ich habe selber viele Fotos gemacht.

Am Ende hatte ich das Gefühl, dass selbst

ein einziges Foto zu viel für Leons Worte wäre, und ich habe beschlossen, den Text mit grafischen Formen und Mustern zu illustrieren. Die Collagen sind aus weichem schwarzen Maulbeerpapier auf schwerem weißen Untergrund.

Was mich an Leon am meisten fasziniert, ist sein ungebrochener Optimismus. Wenn ich ihn frage, wie er sich den bewahren konnte, spricht er von seinen Eltern und seiner stark religiösen Erziehung. Er spricht von der Strenge seiner Eltern, aber auch von ihrer beständigen, bedingungslosen Liebe, ihrer Kraft und ihrer Unterstützung. Er spricht von dem schwierigen, aber erfolgreichen Kampf seiner Mutter, die Familie nach dem Tod des Vaters zusammenzuhalten.

»Aber Leon«, habe ich oft gefragt, »bei Ihnen ist überhaupt keine Bitterkeit zu spüren. Wie kommt das?«

Leon lächelt. »Wozu soll das gut sein? Ich weiß, dass es schlimme Zeiten gab«, sagt er. »Aber wissen Sie, es gab auch schöne Zeiten.«

Leon war Zeuge von grundsätzlichen Veränderungen im Leben der afrikanischen Amerikaner, die während seiner Lebenszeit stattgefunden haben. Er hat selber zu diesen Veränderungen beigetragen, indem er an den Demonstrationen teilnahm. Allein diese Tatsache muss zu seiner positiven Einstellung geführt haben. Mit dem Erzählen seiner Lebensgeschichte führt Leon Walter Tillage seinen friedlichen Protest fort und trägt dazu bei, Menschen etwas beizubringen. Wir müssen alle wissen, was früher geschah, und wir müssen uns immer wieder damit auseinandersetzen. Wir müssen uns alle daran beteiligen, dass es mit den Veränderungen weitergeht.

Susan L. Roth

Arnulf Zitelmann

»Keiner dreht mich um«

Die Lebensgeschichte des Martin Luther King

176 Seiten, Gulliver Taschenbuch (78761) *ab 14*

Auswahlliste zum Deutschen Jugendliteraturpreis

Er haderte mit seiner schwarzen Haut und hatte in der Jugend zweimal versucht, sich das Leben zu nehmen. Als Pfarrer in Montgomery brachte ihn der Busstreik an die Spitze der Bürgerrechtsbewegung. Er mobilisierte landesweit Widerstand gegen das weiße Unterdrückungssystem und wurde mit dem Friedensnobelpreis geehrt. Doch auch im Erfolg verließen ihn seine Selbstzweifel nicht. Er kleidete sich elegant, aß gern und gut, hätte dabei doch lieber anspruchslos wie Gandhi gelebt. Martin Luther King blieb bis zu seiner Ermordung auf der Suche nach sich selbst.

»Eine packend geschriebene Biographie.« *Der Tagesspiegel*

»Eine eindrucksvolle, Kenntnis und Verständnis vermittelnde Biographie, in der Art der berichtenden Sprache besonders auch für junge Leser geeignet.« *Darmstädter Tagblatt*

»Ein sehr empfehlenswertes Buch, das nicht nur ›Geschichte‹ erzählt, sondern auch auf die heutige Situation der schwarzen Bevölkerung aufmerksam macht.« *Lüneburger Zeitung*

Mildred T. Taylor
Laßt den Kreis geschlossen
Roman
Aus dem Amerikanischen von Heike Brandt
412 Seiten, Gulliver Taschenbuch (78111) *ab 12*

Mississippi im Jahr der großen Wirtschaftskrise 1935. Die Kinder der Familie Logan erleben eine Zeit starker Veränderungen. Unterdrückte Schwarze und Weiße versuchen, sich gemeinsam gegen die Macht der Großgrundbesitzer zu wehren. Doch noch sind die Gegensätze größer als die Gemeinsamkeiten.

»Eine wahre Geschichte, wahrhaftig erzählt ...« *The Times*

»Ein aufrüttelnder Roman, in dem keinesfalls alle Weißen verteufelt werden, denn Feigheit und Verlogenheit gibt es auf beiden Seiten, ebenso wie Gegner des Rassenhasses.«
Der Tagesspiegel

»Mildred D. Taylor beschränkt sich eben nicht auf eine Wirklichkeitsschilderung mit sozialpolitischer Anklage, sondern sie vermittelt auch Hoffnung. Sie zeigt den geschlossenen Kreis einer großen Familie, in dem Kraft und Geborgenheit zu finden ist. Sie beschreibt Menschlichkeit und alltägliche Solidarität zwischen schwarzen Nachbarn. Und sie deutet in die Zukunft: Solidarität zwischen Schwarzen und Weißen.« *DIE ZEIT*